MÉMOIRE

DU GOUVERNEMENT HONGROIS

adressé, le 29 Novembre 1927,

au CONSEIL DE LA SOCIÉTÉ DES NATIONS

exposant les raisons qui lui rendent impossible l'acceptation des trois principes des juristes du Comité des Trois

dans l'affaire

du rappel, par la Roumanie, de son arbitre national du Tribunal arbitral mixte roumano-hongrois

MÉMOIRE

DU GOUVERNEMENT HONGROIS

adressé, le 29 Novembre 1927,

au CONSEIL DE LA SOCIÉTÉ DES NATIONS

exposant les raisons qui lui rendent impossible l'acceptation des trois principes des juristes du Comité des Trois

dans l'affaire

du rappel, par la Roumanie, de son arbitre national du Tribunal arbitral mixte roumano-hongrois

Dans l'incident roumano-hongrois, concernant le fonctionnement du Tribunal arbitral mixte dans les affaires dites agraires, le Conseil de la Société des Nations a invité, dans sa séance du 19 septembre dernier, les deux Etats, parties en cause, la Hongrie et la Roumanie, à « ajourner au mois de décembre leur opinion formelle » sur la première partie du rapport, plus spécialement sur les trois principes des juristes, y inclus, adoptés par le Comité des Trois et recommandés, par les membres du Conseil étrangers au litige, à l'acceptation des parties, et de « faire connaître au Secrétaire général assez tôt avant cette réunion du Conseil, leur décision définitive, afin que celui-ci soit à même d'examiner, si cela est nécessaire, quelles autres mesures il peut alors avoir à prendre ».

Le Gouvernement hongrois vient de soumettre à un examen nouveau et très minutieux, tout aussi bien la première partie du rapport, que tout particulièrement les trois principes des juristes. Mais, à son grand regret, il a dû se rendre compte de nouveau qu'il lui est impossible de les accepter. Il se permet de communiquer les raisons de cette impossibilité au Conseil de la Société des Nations, ainsi qu'il suit.

I

Tout d'abord, nous nous trouvons, en étudiant le rapport, en face d'une équivoque concernant la nature juridique de l'intervention du Conseil. Sans l'affirmer en toutes lettres, le système de « conciliation » proposé par le Comité des Trois, produit l'impression que, selon lui, le Conseil aurait qualité pour décider sur la question de la compétence du Tribunal arbitral mixte sans se préoccuper de la décision par laquelle ce tribunal, dans l'exercice de ses fonctions judiciaires, s'est déclaré compétent pour le litige. L'opinion du Comité des Trois semble être contraire à cette décision et, s'appuyant sur une consultation de quelques jurisconsultes éminents, il croit pouvoir proposer au Conseil d'agir sur la base de leur opinion, ou, ce qui revient au même, de passer à côté des décisions judiciaires comme si elles n'existaient pas. C'est la seule explication possible du refus d'accomplir le devoir imposé au Conseil par l'article 239 du Traité de Trianon concernant la désignation de juges suppléants au Tribunal arbitral mixte, lorsqu'il y a — pour une raison quelconque — carence. C'est la seule explication du fait, que le Comité des Trois, après avoir déclaré que, dans sa recherche d'une solution nouvelle, « un examen minutieux de la question de la compétence du Tribunal arbitral mixte semblait avoir un intérêt primordial», procède en effet à cet examen et expose, pour les faire sanctionner par le Conseil, les limites dans lesquelles cette compétence devrait être, à son sens, établie. Mais à quoi bon, est-on en droit de se demander, s'il y a déjà à cet égard une décision judiciaire d'un caractère définitif d'après l'article 239 lit.g/ du Traité?

En face de cette tendance manifeste du rapport, tendance contraire à la lettre et à l'esprit du Traité et du Pacte, destructive de l'indépendance de la magistrature internationale, cette clef de voûte de tout l'édifice de la Société des Nations, menant, si elle pouvait prévaloir, à une confusion inextricable des compétences et à l'incertitude permanente du droit, le Gouvernement hongrois se croit dans l'obligation de protester contre elle avec une extrême énergie et de lui refuser tout concours et même toute apparence de concours. Quelle que soit l'opinion scientifique des jurisconsultes consultés par le Comité des Trois, quelle que soit même celle de tel ou tel membre du Conseil, le Conseil dans l'exercice de ses fonctions ne peut se placer ni au-dessus ni en dehors de la magistrature internationale, il ne peut avoir en face d'une décision du Tribunal arbitral mixte qu'une attitude : celle du respect de la chose jugée. Toute activité se qualifiant de « conciliatrice » qui s'écarterait de ce principe, ne serait plus œuvre de conciliation, mais œuvre de destruction. Nous ne pensons pas que le Conseil veuille s'engager dans cette voie ; en tout cas, nous ressentons l'obligation impérieuse de ne pas l'y suivre.

On nous objectera peut-être, qu'il est prématuré de parler de chose jugée dans le litige présent, puisque la Roumanie a soulevé contre la décision du Tribunal arbitral mixte établissant sa compétence, l'exception d'excès de pouvoir. Examinons donc, aussi brièvement que possible, la situation créée par cet acte du Gouvernement roumain et la position que les parties ont prise vis-à-vis de lui. En théorie, nous admettons que l'excès de pouvoir est possible ; il y a même à cela quelques rares précédents dans l'histoire de l'arbitrage international. Encore faut-il ajouter que cette exception n'est pas une arme normale du droit procédural, mais un acte de protestation contre une transgression évidente et indubitable du mandat confié à une Cour par le compromis des parties. Or, il est difficile, même pour la critique la plus sévère, de qualifier ainsi un jugement qui se trouve d'accord non seulement avec les opinions émises par de hautes autorités en droit international, mais encore avec les décisions les plus récentes de différentes cours internationales. Le Gouvernement roumain a pourtant soulevé l'objection de l'excès de pouvoir et, malgré ce qu'elle a d'osé en l'espèce, le Gouvernement hongrois ne s'est pas refusé à en tenir compte. Il fallait pourtant qu'il y eût une décision impartiale et faisant autorité à son égard, car il serait absurde de prétendre qu'une pareille allégation présentée par l'une des parties pût par elle-même annuler un jugement ; ce serait la fin de toute procédure judiciaire, car il serait bien rare que la partie ayant perdu un procès n'usât pas de ce moyen commode pour se défaire d'un jugement défavorable. Comme, malheureusement, il n'y a pas dans l'organisation présente de la magistrature internationale une Cour de conflit en matière de compétence, le Gouvernement hongrois a proposé de soumettre d'un commun accord la question de savoir s'il y a eu excès de pouvoir dans la décision du Tribunal arbitral mixte, à la plus haute autorité judiciaire internationale existante : à la Cour permanente de justice internationale, avec obligation pour les parties de se conformer à sa décision.

Il nous semble qu'en agissant ainsi, le Gouvernement hongrois, dont les ressortissants étaient en possession d'un jugement favorable, et en face d'une allégation d'excès de pouvoir aussi osée, est allé aussi loin, dans la voie de conciliation, que le respect du droit le permet. A défaut d'une règle de droit positif nous nous sommes inspirés de l'esprit du Pacte, dont l'article 13, sans pouvoir en imposer l'obligation, recommande néanmoins aux membres de la Société des Nations le recours à l'arbitrage dans tout différend d'un ordre juridique, nommément « dans les différents relatifs à l'interprétation d'un Traité, à tout point de droit international, à la réalité de tout fait qui, s'il était établi, constituerait la rupture de la réparation due pour une telle rupture ». Rien n'est plus évident que la conformité de notre démarche aux principes énoncés dans ce texte.

Si la Roumanie avait accepté, il serait tout naturel, et nous accepterions très volontiers, que le Conseil suspendît toute action ultérieure, y compris la désignation des juges suppléants aux termes de l'article 239 du Traité, jusqu'après la décision de la Cour permanente de Justice internationale, qui lui aurait indiqué, à lui aussi, la voie qu'il faut suivre. Mais la Roumanie a refusé.

Que peut signifier ce refus? De trois choses l'une : 1° il peut exprimer la prétention de faire accepter comme définitive et inattaquable l'allégation de l'excès de pouvoir, prétention dont nous avons démontré l'incompatibilité absolue avec le principe même de l'arbitrage ; 2° il peut signifier une invitation au Conseil à se constituer juge du bien fondé de cette allégation, donc Cour d'appel ou de Cassation des Tribunaux internationaux, fonction qui est en dehors de ses attributions légales, dont l'usurpation serait le renversement du système sur lequel repose la Société des Nations tout entière ; 3° ou bien, il vise simplement à créer une impasse qui, de fait, obstruerait l'action du Tribunal arbitral mixte, dont le Traité veut pourtant assurer la continuité en toutes circonstances.

Il nous semble impossible que le Conseil se prête à ce jeu, qu'il sanctionne ou, pour le moins, laisse passer, sans y parer, ce défi lancé au Traité, au Pacte, à l'autorité judiciaire. Il nous paraît évident que le rétablissement de cette autorité et du respect du Traité doit être sa préoccupation principale. Le rapport des Trois ne semble pas avoir donné à ce point de vue toute l'importance qu'il mérite. Dans le préambule de ses propositions, il constate simplement le succès des procédés d'obstruction que la Roumanie oppose au fonctionnement du pouvoir judiciaire et il semble les accepter comme une attitude légitime dont il faut tenir compte dans la procédure ultérieure. Ses propositions tendent en effet — il l'avoue lui-même — à « chercher la solution par d'autres moyens », lesquels sont : demande adressée aux parties de se conformer à certains principes formulés par un groupe de jurisconsultes, n'ayant d'autre autorité que celle de la valeur scientifique de ces jurisconsultes, auxquels, pourtant, on peut facilement opposer au moins la doctrine contraire d'autres jurisconsultes éminents ; remise en activité du Tribunal arbitral mixte à condition seulement de l'acceptation de ce code nouveau par les parties, afin de mettre le Tribunal dans l'obligation de s'y conformer. Le rapport affirme, il est vrai, que les principes formulés par les jurisconsultes du « Comité des Trois » sont rendus obligatoires, pour la Roumanie et pour la Hongrie, par l'acceptation du Traité de Trianon, mais il ne produit pas même l'ombre d'une preuve à l'appui de cette assertion et, lorsque notre représentant a demandé cette preuve au cours de la discussion, il n'a pas même obtenu de réponse.

Dans la seconde partie de ce Mémoire, nous nous efforcerons de démontrer les défectuosités de la construction doctrinale dont on voudrait nous imposer l'acceptation.

Ici, il suffira de constater le vice d'origine dont tout le système du rapport est entaché et qui, par lui-même, nous interdit de nous y associer. Ce vice originel, c'est la capitulation devant les procédés d'obstruction qu'une des parties en litige oppose au fonctionnement du pouvoir judiciaire établi par le Traité, l'abandon facile du terrain juridique et la tentative de chercher une solution qui passe à côté de lui ou, ce qui est pire encore, essaye de dicter à la magistrature internationale, une ligne de conduite à travers des maximes imposées aux parties.

Tout cela est absolument contraire à la lettre et à l'esprit du Traité autant que du Pacte, donc indiscutable pour nous. Nous prions instamment le Conseil de ne pas s'engager dans cette voie funeste, qui ne mènerait qu'à une confusion inextricable entre le domaine politique et celui de la magistrature, confusion destructrice de toute sécurité du droit, à la place duquel on ne trouverait plus que l'arbitraire plus ou moins déguisé. *Omnia fiunt incerta, quando a jure recessum est.*

II

Passant maintenant à l'analyse, selon leur valeur intrinsèque, des principes dont l'acceptation nous est recommandée, nous nous permettons de faire les remarques suivantes :

I. D'abord, d'une manière générale, se rapportant à l'ensemble des principes recommandés :

a) En ce qui concerne la dissertation sur la compétence du Tribunal arbitral mixte qui sert de préambule aux principes, nous trouvons dans cette partie du rapport le texte suivant :

« S'il pouvait être établi, dans un cas particulier, que la propriété d'un ressortissant hongrois a été l'objet d'une saisie ou d'une liquidation ou de toute autre mesure de disposition aux termes des articles 232 et 250 par suite d'une application à ladite propriété de la loi agraire roumaine, et si une requête était présentée en vue d'obtenir la restitution, le Tribunal arbitral mixte aurait juridiction pour accorder satisfaction.

« Le Tribunal arbitral mixte n'est pas compétent pour connaître des requêtes soulevées par l'application d'une loi agraire comme telle, à moins que l'hypothèse mentionnée à l'alinéa précédent ne se réalise. Dans ce dernier cas, la compétence du Tribunal arbitral mixte ne serait pas exclue du fait qu'il s'agirait de l'application d'une loi agraire.

« Comme il résulte de ce qui précède qu'une requête d'un ressortissant hongrois en vue d'obtenir la restitution de la propriété, conformément à l'article 250, pourrait rentrer dans la compétence du Tribunal arbitral mixte, même si la requête a pour origine une application de la loi agraire roumaine, nous passons à la définition des principes que l'acceptation du Traité de Trianon a rendus obligatoires pour la Roumanie et la Hongrie. »

Ce texte est en contradiction avec ce qui va suivre et avec la tendance générale du rapport entier qui paraît admettre l'existence d'un excès de pouvoir. Car, dans ce texte, les juristes reconnaissent — et ils ne pourraient faire autrement — que dans certains cas l'application de la réforme agraire roumaine à la propriété d'un ressortissant hongrois *peut* constituer une saisie ou une liquidation ou toute autre mesure de disposition aux termes des articles 232 et 250. Cette thèse est reconnue très expressément et avec la plus grande clarté dans les passages suivants : « ...la compétence du Tribunal arbitral mixte ne serait pas exclue du fait qu'il s'agirait de l'application d'une loi agraire..., une requête d'un ressortissant hongrois en vue d'obtenir la restitution de la propriété conformément à l'article 250, pourrait rentrer dans la compétence du Tribunal arbitral mixte, même si la requête a pour origine une application de la loi agraire roumaine. »

Par cela, les juristes ont reconnu que le Tribunal arbitral mixte est toujours compétent pour rechercher dans des cas concrets des mesures prohibées, même si celles-ci se trouvent cachées sous l'aspect de mesures de réforme agraire.

Ni les requérants hongrois, ni le Tribunal arbitral mixte roumano-hongrois n'ont jamais prétendu autre chose. De sorte que les juristes eux-mêmes se sont trouvés contraints de reconnaître, par cela même, que le Tribunal arbitral mixte roumano-hongrois n'a jamais excédé ses pouvoirs. S'il en est ainsi, toute la base de l'action tout aussi bien de la Roumanie que du Comité des Trois lui-même s'écroule.

On a fait beaucoup état de la manière dont les requêtes des ressortissants hongrois sont formulées. On a prétendu qu'ils exigent l'examen de la réforme agraire *comme telle*. D'abord ce reproche est dépourvu de tout fondement, les requêtes ne demandant que la recherche des liquidations cachées sous la réforme agraire. Ensuite, la façon dont les requêtes sont formulées importe peu. Si les prétentions soulevées par ces requêtes sont illégitimes, le Tribunal déboutera tout simplement les requérants. La pétition exagérée d'un requérant devant un Tribunal ne constitue pas un véritable danger pour le défendeur. La Roumanie montre bien peu de confiance dans sa cause, quand elle refuse d'admettre que les réclamations des requérants hongrois soient examinées au fond par le juge compétent pour rechercher si les mesures incriminées sont des mesures prohibées. Si la Roumanie était aussi sûre de la justesse de sa cause que sa propagande le présente au grand public, elle n'aurait rien à craindre, car l'issue des procès ne saurait que lui rendre satisfaction. Dans ce cas, le Tribunal reconnaîtrait que, malgré un procès régulièrement terminé, il n'a pu découvrir les prétendues mesures prohibées et il débouterait au fond les requérants hongrois.

Non seulement les ressortissants hongrois eux-mêmes n'ont pas demandé du Tribunal arbitral mixte d'examiner la réforme agraire *comme telle*, mais ils ont eu à se défendre continuellement contre les tentatives de la Roumanie qui voulait mêler les problèmes généraux d'une réforme agraire aux débats devant le Tribunal.

De sorte que le Gouvernement hongrois ne sait pas à qui s'adresse cette phrase dans le texte introductif des principes des juristes : « Le Tribunal arbitral mixte n'est pas compétent pour connaître de requêtes soulevées par l'application d'une loi agraire *comme telle* ». Certes, elle ne peut s'adresser ni aux requérants hongrois, ni au Tribunal arbitral mixte. Des requêtes contre la réforme agraire *comme telle* n'ont été présentées par personne. Aussi les 22 sentences rendues par le Tribunal arbitral mixte ne font que reconnaître la compétence du Tribunal pour la recherche des prétendues mesures prohibées, même si elles se présentaient sous l'aspect d'une réforme agraire. Cela ressort de tous les considérants qui s'appliquent à ne rien trancher définitivement, mais seulement à faire comprendre que le procès sur le fond aura précisément pour objet d'établir l'existence ou la non-existence des prétendues mesures prohibées. Cette thèse est la même que celle exprimée dans le préambule des principes des juristes.

Bref, l'excès de pouvoir, condition supposée de toute action du Conseil en vertu de l'article 11, § 2 du Pacte, n'a pas été commis par le Tribunal arbitral mixte même d'après l'opinion des juristes.

Jusqu'à tel point, leur opinion est juste.

En constatant ce résultat, nous n'entendons pas nous écarter du principe posé dans la première partie de ce Mémoire, savoir : que le Conseil n'a pas qualité pour réviser le jugement du Tribunal arbitral mixte établissant sa compétence ou n'importe quelle autre décision de ce Tribunal et d'en décider selon ses lumières ; que, par conséquent, l'opinion des jurisconsultes, fût-elle adoptée par le Comité des Trois ou même par le Conseil, ne saurait avoir qu'une valeur scientifique. Nous constatons simplement que le travail scientifique des expertes ayant abouti dans ce préambule de leurs propositions à la conclusion de reconnaître la compétence du Tribunal arbitral mixte en la matière sous litige, il est absolument inexplicable que ces mêmes experts croient, néanmoins, pouvoir proposer au Conseil des résolutions touchant au fond de la question dont ce Tribunal est saisi, ce qui implique donc une immixtion à peine déguisée dans sa juridiction, une tentative de lui prescrire, par voie détournée, une ligne de conduite dans un procès déjà engagé. Même en se plaçant au point de vue des experts, il y a contradiction manifeste entre les deux parties de leur rapport.

Tant que le délicat travail de la magistrature compétente est en suspens, le devoir de tout le monde, mais surtout d'un organisme politique international puissant, tel que le Conseil de la Société des Nations, est d'attendre et de s'abstenir de toute immixtion dans le travail de la magistrature.

Ayant constaté, le texte du rapport en main, que les juristes eux-mêmes ont été forcés, par la logique des choses, de reconnaître la compétence du Tribunal arbitral mixte, en ce qui concerne la recherche des mesures prohibées, même si celles-ci se présentent sous l'aspect d'une réforme agraire, et ayant montré que, jusqu'à présent, le Tribunal arbitral mixte n'a énoncé dans ses 22 sentences rendues sur sa compétence rien d'autre que, précisément, la reconnaissance de sa compétence, nous pourrions cesser toute critique ultérieure de l'œuvre des juristes. Car, par cela même, nous avons démontré que cette œuvre qui s'occupe de questions de fond et non pas de compétence n'a pu voir le jour que grâce à une erreur qui veut attribuer au Conseil des pouvoirs qui, d'après le Traité, reviennent exclusivement au Tribunal arbitral mixte, à savoir le pouvoir de résoudre les questions de fond des procès rentrant dans la juridiction du dit Tribunal arbitral mixte.

Ceci posé, nous pourrions adresser, avec le surcroît de force que nous donnent les constatations théoriques des jurisconsultes, tout simplement la demande au Conseil de bien vouloir cesser tout examen ultérieur de l'affaire, et mettre le Tribunal arbitral mixte, en conformité des devoirs lui imposés par l'article 239 du Traité de Trianon, en état de fonctionner. Le contraire équivaudrait à une entrave voulue mise au fonctionnement d'une Cour de justice internationale.

b) Mais il nous faut encore examiner une autre erreur fondamentale dans l'œuvre des jurisconsultes.

Même, d'après leur thèse, le Tribunal mixte doit donc être libre de retenir sa compétence dans chaque cas concret où un ressortissant hongrois prétend que la réforme agraire appliquée contre lui constitue, en réalité, une mesure prohibée. Rechercher la matérialité des faits et la justesse de cette allégation, en comparant les faits à la lettre et à l'esprit des stipulations du Traité, relatives aux différentes formes des mesures prohibées, c'est précisément l'objet du procès. Pour que le Tribunal arbitral mixte puisse accomplir cette tâche, il faut ouvrir sa porte et non pas la fermer d'avance. Le Tribunal ne peut rechercher ni la matérialité des faits, ni la justesse des allégations, si on lui défend d'entrer dans le procès.

Les questions qui se posent ici, ne peuvent être éclaircies *in limine litis*, étant des problèmes du fond et non de la compétence. Le rapport veut les faire accepter comme des conditions de la compétence. C'est là une autre erreur.

Faire accepter des solutions problématiques, même erronées, ainsi que nous allons le voir, sur des questions de fond, en guise de règles, fixant la compétence, signifierait vouloir obliger les requérants hongrois à gagner leur procès sur le fond avant de pouvoir les commencer. C'est plus que de la confusion.

c) Ainsi que nous y avons déjà fait allusion dans le § *a*), la décision des questions de fond, se rapportant à l'article 250, 232 et son annexe, appartient, d'après le Traité lui-même, exclusivement aux Tribunaux arbitraux mixtes. L'exécution de cette partie du Traité est confiée, par le Traité lui-même, à ces Tribunaux, présidés par le ressortissant d'un

État resté *neutre* dans la guerre mondiale. On ne peut pas retirer la solution de ces problèmes à leur compétence, sans violer gravement le Traité. Aucune considération politique ne constituerait une excuse à pareil procédé. La souveraineté de ces Tribunaux dans ce domaine est un dogme des Traités et l'inviolabilité des Traités est, à son tour, un dogme de la Société des Nations ; ainsi qu'il résulte du préambule du Pacte.

Mais il existe encore, en l'espèce, une considération spéciale qui ne doit pas être perdue de vue. Les Tribunaux arbitraux mixtes ne fonctionnent pas sur la base d'un compromis étroit conclu entre deux États intéressés, seuls, mais le compromis est un traité plurilatéral, auquel toute une série d'États sont parties contractantes. Il paraît donc inadmissible que deux parmi ces parties, même d'un commun accord et même sur l'invitation du Conseil, imposent à elles seules au Tribunal une règle de droit nouvelle ou même une interprétation du droit existant ; le Tribunal fonctionne sur la base du Traité, avec mission d'appliquer le Traité. L'interprétation *applicative* de ce Traité appartient à lui seul ; une interprétation *authentique*, faisant loi pour le Tribunal, ne pourrait provenir que du consentement de tous les signataires. Il se pourrait donc très facilement que même si un nouvel arrangement intervenait entre les deux parties au sujet de la compétence du Tribunal arbitral mixte, celui-ci refusât à ce nouvel arrangement toute force obligatoire à son propre égard, se considérant non pas comme mandataire des deux États plus spécialement intéressés, mais comme mandataire et exécuteur du Traité conclu entre un grand nombre d'États. Une telle attitude trouverait sa justification en tout premier lieu dans des principes généraux, mais aussi, et d'une manière plus formelle, dans les stipulations de l'article 248 du Traité de Trianon, qui défend expressément tout arrangement entre les parties directement intéressées qui serait contraire aux stipulations de la section VIII de la Partie X du Traité, où se trouve aussi l'article 250 dont il s'agit.

La teneur de l'article 248 du Traité de Trianon est la suivante :

« Les questions concernant les ressortissants de l'ancien royaume de Hongrie ainsi que les ressortissants hongrois, leurs droits, *privilèges* et biens, qui ne seraient pas visés, ni dans le présent Traité, ni dans le Traité qui doit régler certains rapports immédiats entre les États auxquels un territoire de l'ancienne monarchie austro-hongroise a été transféré ou qui sont nés du démembrement de cette monarchie, feront l'objet de conventions spéciales entre les États intéressés, y compris la Hongrie, *étant entendu que ces conventions ne pourront, en aucune manière, être en contradiction avec les dispositions du présent Traité.* »

Cela signifie que les parties directement intéressées n'ont pas le droit de passer entre elles des conventions complémentaires contraires aux stipulations de cette section du Traité. Le Tribunal en pourrait déduire qu'il y a là une raison de plus pour que ces stipulations ellesmêmes ne puissent être abrogées directement.

d) Ce que les trois principes des jurisconsultes contiennent, ce n'est pas une interprétation, ce serait une modification du Traité de Trianon, modification unilatérale au détriment de la Hongrie et en tournant l'article 19 du Pacte. Il est notoire, en effet, que c'est l'article 19 du Pacte qui contient les règles pour une procédure ouverte de révision des traités et qui doit être suivi en cas de besoin. Nous avons déjà vu que l'article 11 du Pacte ne peut être employé pour faire passer au Conseil le droit de décision appartenant, d'après le Traité, au Tribunal arbitral mixte. Il est évident qu'il ne peut être employé dans le but non plus de faire tourner l'article 19 du Pacte, pour arriver par une voie de détour à la modification d'un Traité.

Ce fut l'un des principaux arguments que les Représentants hongrois ont déjà opposés, devant le Comité des Trois, aux propositions du Représentant roumain, auxquelles les principes des juristes ressemblent beaucoup. L'argument, par conséquent, qui valait contre ces propositions, vaut aussi contre les principes des juristes. La correspondance y relative qui a eu lieu devant le Comité des Trois, se trouve ci-annexée (Annexe A). Cette annexion nous paraît d'autant plus nécessaire que cette correspondance a pu échapper à l'attention de plusieurs membres du Conseil. Annexe A

Si la Hongrie consentait à un tel emploi de l'article 11 du Pacte dans le double but de laisser exercer par le Conseil les droits d'un tribunal d'arbitrage et d'imposer la révision d'un Traité, elle se rendrait coupable de la création d'un précédent funeste pour n'importe quel État, au détriment duquel un autre État désirerait obtenir la révision de n'importe quel traité, convention, arrangement ou compromis. Son adversaire n'aurait plus qu'à invoquer l'article 11 du Pacte, en prétendant que la bonne entente était en danger; il pourrait même le faire, quand une cour d'arbitrage se serait déjà prononcée en sa défaveur; il n'aurait, dans ce dernier cas, qu'à alléguer, en même temps, un excès de pouvoir de la part de la cour d'arbitrage dont la décision lui est gênante. La création d'un tel précédent outrepasserait de beaucoup l'importance du litige actuel, et mériterait à juste titre un blâme sévère de la Hongrie de la part de tous les États ayant à cœur l'institution de l'arbitrage, le droit international et l'inviolabilité des conventions.

e) A moins que l'on ne veuille imposer à la Hongrie par une voie détournée l'obligation à consentir à une modification des stipulations du Traité de Trianon, le problème de la compétence des Tribunaux arbitraux mixtes doit et ne peut se résoudre qu'uniquement et exclusivement sur la base du Traité de Trianon lui-même. *Chaque nouveau texte additionnel serait inutile, voire inadmissible. Inutile s'il ne contient rien qui ne serait exprimé déjà dans le Traité, inadmissible et dangereux s'il contient autre chose et même s'il contient la même chose sous une autre forme*, car dans ces derniers cas il risquerait de créer une confusion devant le Tribunal arbitral mixte et d'étouffer par le moyen de cette confusion les procès les plus justes des requérants hongrois.

Un nouveau texte ne serait acceptable que dans le cas où, au lieu d'être la source de nouvelles disputes, il résoudrait définitivement les cas concrets litigieux eux-mêmes. C'est pourquoi les Représentants du Gouvernement hongrois ne se sont pas lassés de répéter les avantages, à ce point de vue, d'accords passés entre les parties litigieuses elles-mêmes et éventuellement homologués par le Tribunal arbitral mixte. Or, les parties en litige dans ces affaires ne sont pas l'Etat roumain et l'Etat hongrois, mais l'Etat roumain et environ 350 ressortissants hongrois : (non pas surtout des magnats hongrois, pour lesquels la propagande roumaine les voudrait faire passer, mais pour la plupart de petites gens, dont une grande partie même sont des veuves et des orphelins). C'est à eux personnellement et non pas au Gouvernement hongrois que le Traité donne les droits dont il s'agit. C'est pourquoi les Représentants de la Hongrie ont offert, à plusieurs reprises, devant le Comité des Trois tout aussi bien que devant le Conseil des pourparlers entre le Gouvernement roumain et les requérants hongrois, respectivement leur mandataire, pour arriver entre eux à des transactions, englobant toutes les questions pratiques.

Le Ministre des Affaires Etrangères de la Hongrie a même donné devant le Comité des Trois les lignes principales d'une transaction de ce genre que le Gouvernement hongrois serait prêt à recommander à ses ressortissants. Le Comité des Trois n'a pas tenu compte de cette offre, il ne l'a même pas mentionnéed ans la partie historique de son rapport.

Néanmoins, le Gouvernement hongrois a tenu à continuer ses tentatives en vue d'une telle solution amiable de l'affaire. A cet effet, il s'est adressé même dans l'intervalle depuis la session du Conseil du mois de septembre directement, par la voie diplomatique, à la Roumanie. Nous avons l'honneur de joindre au présent mémoire copie de la note du Gouvernement hongrois, adressée à ce sujet au Gouvernement

Annexe B roumain (Annexe B). Nous sommes convaincus qu'il en pourrait résulter un règlement définitif et honorable, pour toutes les parties, de l'incident, si la Roumanie voulait se prêter à des pourparlers directs et à une entente sur de telles bases, avec un esprit sincère de conciliation et avec une bonne volonté correspondant à celle dont la Hongrie est animée.

f) C'est un grief à part que, si le Conseil s'arroge le droit, en se basant sur l'art. 11 du Pacte, de rechercher si le Tribunal arbitral mixte a commis ou non un excès de pouvoir — bien qu'il n'y eût aucune stipulation qui lui concède le pouvoir de décider pareille question de droit en Cour d'Appel sur une instance internationale — il impose à la Hongrie, à la place d'une solution juridique, une solution politique.

C'est un grief de plus que cette solution politique, et qualifiée comme politique tout aussi bien par le Représentant de la Roumanie que par le Rapporteur, est présentée tout de même, en fin de compte, comme une nécessité juridique, résultant, pour les parties en cause, de l'acceptation du Traité de Trianon, ainsi que la dernière phrase du préambule des principes des juristes voudrait la représenter : « principes que l'acceptation du Traité de Trianon a rendus obligatoires pour la Roumanie et la Hongrie ».

Pour s'assurer de la justesse d'une telle prétention, le Représentant de la Hongrie au sein du Conseil dans sa session du mois de septembre, a demandé que le Conseil porte éventuellement la question de savoir si les trois principes des juristes résultent vraiment du Traité de Trianon, devant la Cour, pour connaître son avis.

2. Passant maintenant à l'examen détaillé des trois principes des juristes, nous devons faire les observations suivantes :

a) Le traitement différentiel et préjudiciel des ex-ennemis aussi bien que l'absence de leur indemnisation en cas d'expropriation peuvent être un trait caractéristique de la « saisie » ou de la « liquidation » ou pour mieux dire de « toute autre mesure de ce genre » au sens des art. 232

et 250. Mais ni l'un ni l'autre n'en est un trait caractéristique indispensable. Le n° 1 de l'avis des juristes veut éliminer complètement la question de l'indemnité, comme si elle n'existait pas, le n° 2, par contre, fait de la différentialité un trait caractéristique indispensable et décisif de la mesure prohibée. Ces deux thèses sont l'une et l'autre erronées.

On peut admettre — sous réserve de la juridiction obligatoire du Tribunal arbitral mixte — ce qui se trouve exprimé dans le paragraphe n° 1, à savoir que : « l'interdiction de retenir et de liquider ne peut restreindre la liberté d'action de la Roumanie au-delà de ce qu'aurait été cette liberté d'action si les articles 232 et 250 n'avaient point existé ». Mais il faut ajouter, d'abord, que tout aussi bien le traitement différentiel que l'expropriation sans indemnité convenable seraient, en tout cas, et par eux-mêmes, contraires au droit international commun, par conséquent la Roumanie n'aurait pas possédé, à cet égard, une entière liberté d'action, même si les articles 232 et 250 n'avaient pas existé; ensuite, qu'il n'y a aucun doute que les articles 232 et 250 existent et que, grâce aux larges cadres qu'ils assignent à la notion de la mesure prohibée, l'enlèvement sans indemnité aussi bien que le traitement différentiel sont englobés dans cette notion. Par conséquent, les actes du genre de ceux que les mesures de la réforme agraire, que la Roumanie a appliqués aux ressortissants hongrois en Transylvanie et qui sont à la fois discriminatoires et constituent des enlèvements de la propriété privée sans indemnité réelle, se trouvent défendus et par le droit international général et par l'article 250 du Traité de Trianon qui renvoie à l'article 232. Ce qui se dégage donc du principe précité, posé sub n° 1, ce n'est pas la liberté d'action de la Roumanie, mais la restriction de sa souveraineté, et cette dernière non seulement d'après le droit international commun, mais aussi d'après les articles 232 et 250 du Traité de Trianon.

C'est cette restriction de la souveraineté de la Roumanie sous ce double rapport qui décide, pour ainsi dire, de tout le problème. S'agissant, en l'espèce, de la compétence du Tribunal arbitral mixte, qui n'embrasse pas les violations du droit international commun, comme telles, mais seulement les « saisies », « liquidations » et autres mesures prohibées, la restriction de la souveraineté de la Roumanie par le droit international commun passe, au point de vue de la compétence du Tribunal arbitral mixte, au second plan, et c'est sa restriction par les articles 232 et 250 qui se place au premier. Mais, ce qui est le plus important, c'est que cette dernière restriction porte également sur le traitement différentiel et sur le traitement gravement dommageable qui consiste dans l'enlèvement de la propriété sans indemnité, et non seulement sur le traitement différentiel, comme le texte des juristes le paraît supposer. A la vérité, il serait étrange et contradictoire que même un traitement légèrement différentiel fût une mesure prohibée, mais que l'enlèvement, sans aucune indemnité, de la propriété, de la fortune entière, même dans sa totalité, restassent des actes licites. Comme cependant les deux premiers principes des juristes en connexité l'un avec l'autre semblent commander ces solutions contradictoires, il faut examiner cette thèse de plus près.

La différentialité n'est pas un élément indispensable de la notion des « mesures » au sens technique du terme ni en vertu de l'article 250, ni en vertu de l'article 232, ni en vertu de l'annexe à ce dernier article, bien que surtout dans l'annexe mentionnée, pareils détails, se rapportant à la notion des « mesures », se trouvent réglés en abondance. Le terme « différentiel » ou un de ses synonymes ne se trouve *pas une seule fois* dans les longs textes invoqués. Pourtant, ce terme n'est pas inconnu du Traité. Le Traité s'en sert, à d'autres endroits, quand il veut en faire l'élément indispensable de ses dispositions, comme par exemple dans l'article 233, l'art. 211, etc. Les phrases dans les textes correspondants de l'annexe à l'art. 232, comme : « prises à l'égard de biens ennemis » n'expriment pas l'exclusivité et par celà l'indispensabilité du traitement différentiel, mais elles déterminent tout simplement l'objet que la mesure doit frapper. La jurisprudence des Tribunaux arbitraux mixtes est constante et unanime sur ce point. Le problème a été résolu dès le commencement de l'activité des Tribunaux arbitraux mixtes.

La Cour permanente de Justice à la Haye a eu, elle aussi, à s'occuper de ce problème, quand on soutint devant elle que la différentialité était un trait caractéristique indispensable de la liquidation. La Cour permanente s'est prononcée très nettement dans le sens contraire à cette prétention et elle a confirmé la jurisprudence des Tribunaux arbitraux mixtes. Voici dans quels termes clairs et décisifs la Cour s'exprime : « Même s'il était prouvé — question que la Cour ne croit pas nécessaire d'examiner — qu'en fait, la loi s'applique également à des ressortissants polonais et allemands, il ne s'ensuivrait aucunement que les suppressions de droits privés qu'elle effectue à l'égard des ressortissants allemands ne soient pas contraires au titre III de la Convention de Genève. L'expropriation sans indemnité est certainement contraire au titre III de la Convention ; or, *une mesure défendue par la Convention ne saurait devenir légitime au regard de cet instrument du fait que l'Etat l'applique aussi à ses propres ressortissants.* » (Arrêt 7, page 33).

Il est notoire que l'article 6 du Titre III de la Convention de Genève, dont il s'agit dans l'arrêt 7 de la Cour, est la réplique de l'article 250 du Traité de Trianon, que l'Allemagne, qui n'est pas bénéficiaire de pareil article dans le Traité de Versailles, a tenu à faire entrer dans la Convention de Genève pour protéger contre les liquidations de la Pologne les biens allemands au moins en Haute-Silésie plébiscitaire. L'analogie, sinon l'identité des cas, est donc on ne peut plus parfaite.

Même les consultants des Etats adverses, et précisément en ce qui concerne les mesures prises sous la forme de la réforme agraire, n'osent s'exprimer autrement au sujet de la différentialité que dans des termes pleins de réserves : « Ce n'est pas à dire que le caractère différentiel soit absolument sans importance pour déterminer la signification de la mesure de liquidation au sens des articles 232 et 250 du Traité de Trianon. Le caractère différentiel ou non différentiel de la mesure est une indication importante, surtout pour les mesures d'expropriation forcée prises immédiatement après la guerre, pour déterminer si elles ont ou non un lien étroit de connexité avec la guerre. La généralité de la mesure, son application aux nationaux et aux étrangers suivant les mêmes règles et avec les mêmes garanties, sont des éléments très précieux de solution. Mais, comme nous l'avons vu par les exemples cités plus haut, ils ne peuvent pas, à eux seuls, donner la solution du problème. » (Consultation sur la compétence du Tribunal arbitral mixte à l'égard de la réforme agraire tchécoslovaque, par MM. Jules Basdevant, Gaston Jèze et Nicolas Politis, Professeurs et Professeur honoraire à la Faculté de Droit de Paris).

En présence d'une pareille jurisprudence unanime des juridictions internationales et de ces opinions pleines de réserves dans le camp adverse lui-même, on peut conclure qu'exiger du Gouvernement hongrois de se ranger du côté des juristes du Comité des Trois n'est nullement justifié.

Alors que l'expression de la différentialité ne se trouve pas une seule fois dans le texte des articles 250, 232 et de l'annexe à l'article 232, l'indemnité est une question constamment visée dans ces textes. Cette expression : « indemnité » se trouve maintes fois dans l'article 232, et il s'y trouve *treize* dispositions qui visent directement l'indemnité due de la part d'un des Etats, toutes les fois même qu'il s'agit de liquidation. Cela est dû au fait que les Traités sont basés sur un droit international qui respecte et fait respecter le droit de propriété des étrangers et celui des ex-ennemis eux-mêmes. Jamais l'enlèvement de la propriété privée sans indemnité convenable n'est admis par les Traités de Paix ayant mis fin à la guerre mondiale.

On n'a pas à quitter le terrain du Traité pour retrouver le principe du respect de la propriété privée sous la forme de l'obligation d'indemniser la victime en cas de violation de sa propriété privée. Dans les Traités, tout aussi bien que dans le droit international coutumier, l'inviolabilité de la propriété privée est un véritable *principe de droit* et non seulement un principe vague d'équité dont les grandes puissances seules pourraient user à l'égard des petits Etats dans des réclamations diplomatiques.

La question de l'existence ou de l'absence d'une indemnité est une partie intégrante du problème de la liquidation ou de la mesure prohibée. Nombre d'actes qui ne seraient pas des mesures prohibées en eux-mêmes deviennent prohibés parce que, à défaut d'indemnité suffisante, ces actes cessent d'être des expropriations du droit commun.

C'est là un principe très important. Aussi fut-il affirmé et appliqué par des sentences des Tribunaux arbitraux mixtes contre les puissances centrales. Ces sentences ont constaté l'existence de la mesure prohibée là, où, s'il y avait une indemnité suffisante, il ne se serait agi que d'un acte inoffensif du droit commun. Voir l'arrêt du Tribunal arbitral mixte germano-belge du 20 juillet 1923 dans l'affaire Marbes-le-Château contre Draht-Aktien-Gesellschaft.

Le même principe de l'importance de la question de l'indemnité au point de vue de la constatation de l'existence d'une mesure prohibée découle aussi du même texte de l'arrêt n° 7 de la Cour permanente de Justice internationale qui fut déjà cité ci-haut à un autre effet : « L'expropriation sans indemnité est *certainement* contraire au Titre III de la Convention de Genève. »

Comme d'aucuns voulaient en douter encore, la Cour a cru nécessaire de se répéter dans son arrêt n° 8, avec plus d'insistance encore, si possible : « Si, à l'encontre de ce que la Cour vient maintenant d'exposer, il était allégué que les mesures prises par le Gouvernement polonais à l'égard des Oberschlesische et Bayerische ne constituaient pas une expropriation au sens du titre III de la Convention de Genève, la Cour devrait répéter ce qu'elle a déjà eu l'occasion de dire non seulement dans son arrêt n° 7, mais également dans le présent arrêt, savoir que, *si l'expropriation moyennant indemnité est prohibée par ledit titre, à plus forte raison en est-il ainsi d'une prise de possession sans compensation aux intéressés* » (Arrêt n° 8, page 31).

La contradiction est manifeste entre la jurisprudence de ces hautes juridictions et la phrase suivante des juristes insérée à la fin du principe n° 1 : « *La question d'indemnité*, quelle que puisse être son importance à d'autres points de vue, *n'entre pas ici en ligne de compte* ». « Ici » signifie évidemment pour l'établissement de la liquidation. Alors, c'est une grave erreur que les textes de la Haute Cour permanente de Justice internationale font clairement ressortir.

On peut se rendre compte en même temps que le Représentant de la Roumanie a émis une phrase bien hasardeuse quand il a avancé : « Permettez-moi de vous dire que notre Rapporteur, Sir Austen Chamberlain, vous a dit que la haute compétence des juristes avait puisé ses informations dans la jurisprudence de la Cour de la Haye ». La vérité nous semble être exactement le contraire.

« Mais est-il donc possible que le Conseil recommande aux Etats Membres de la Société des Nations l'acceptation de principes diamétralement opposés à ce qui a été prononcé comme droit incontestable par des Tribunaux internationaux institués par les Traités et par la Cour permanente de Justice internationale elle-même? »

Cette question n'a pas été posée par nous-mêmes, mais par quelqu'un dont la haute vocation est de rendre la justice, en occupant la plus haute position judiciaire dans un des plus grands Empires représentés au Conseil.

Il faut réfléchir. Est-ce qu'il serait vraiment possible que la question d'indemnité n'eût aucune importance du point de vue de la liquidation dans les territoires transférés, dans lesquels les Traités ont voulu protéger les biens des ressortissants hongrois? Serait-il possible que les ressortissants hongrois restent sans indemnité aucune dans ces territoires, tandis que dans les anciens territoires des Etats voisins victorieux, même liquidés, ils reçoivent forcément, et dans tous les cas, une indemnité convenable? (Voir l'article 232, litt. j. du Traité de Trianon). Et s'il s'agit de nouveaux Etats ou d'Etats qui ne participent pas aux réparations, l'indemnité convenable doit être payée par les Etats liquidateurs sur tout leur territoire avec possibilité d'un recours aux tribunaux arbitraux mixtes, si l'indemnité est jugée insuffisante. (Voir l'article 232, litt.i du Traité de Trianon). Il est impossible que les personnes que les Traités ont voulu plus protéger, puissent se trouver en fait moins protégées que les sacrifiées. Ou bien pensons à la contradiction qu'il y aurait entre la situation des liquidés et des personnes frappées seulement par des mesures que l'on veut faire passer pour des mesures de paix, telles que la réforme agraire. Les liquidés auraient une indemnité pour leurs biens liquidés, les soi-disant non liquidés, mais frappés seulement par une mesure soi-disant pacifique, la réforme agraire, n'en auraient pas. Ce seraient des contradictions inexplicables. Elles laissent entrevoir l'erreur qui vicie la manière de voir des adversaires et des juristes du Comité des Trois.

L'acceptation du principe que l'indemnité n'a aucune importance au point de vue de la liquidation, en connexité avec l'exigence, par contre, comme élément, prétendûment indispensable, de la différentialité, pour déterminer le caractère de la liquidation, impliquerait non seulement une violation manifeste des principes qui sont à la base des stipulations des Traités au sujet de la liquidation, respectivement de la propriété privée, elle impliquerait encore un complet désaveu du droit international commun des Etats qui forment la communauté internationale actuelle.

Toutes les fois qu'il y a violation de la propriété privée, qu'elle se fasse systématiquement ou sporadiquement, à l'encontre du droit interne ou en conformité avec lui, à la suite d'une législation ordinaire ou d'une révolution, « pacifique » ou violente, le droit international général n'en exige pas moins réparation en faveur des étrangers, nonobstant le défaut de réparation en faveur des nationaux par suite du fait que le droit interne s'est momentanément écarté des principes généraux du droit. Mais la protection restée intacte et exercée par le droit international en faveur des étrangers n'est pas pour cela un privilège en faveur des étrangers, bien qu'elle crée une différence entre l'étranger et le national. C'est l'état juridique normal de l'étranger que le droit international — contre lequel on ne peut pas faire révolution — continue à leur assurer. On ne peut pas présenter la situation exceptionnelle et anormale dans laquelle se trouvent les nationaux comme un état normal, afin de pouvoir ensuite qualifier de privilège au profit des étrangers l'état normal véritable dont ceux-ci se réclament. Parler, dans le cas des requérants hongrois, d'une aspiration à des privilèges, c'est abuser des mots et créer un mirage.

L'attitude d'un Etat à l'égard de ses propres nationaux ne saurait jamais servir de prétexte et de moyen pour un Etat de changer ses obligations internationales à l'égard des étrangers. Ce n'est pas le droit international qui dépend d'une attitude quelconque du droit interne, c'est le droit interne qui doit se tenir dans les cadres tracés par le droit international. C'est le dernier qui doit être le plus fort ; autrement il n'existerait pas, car il serait à la merci du droit interne, maniable à leur gré par les Etats, prétendûment obligés et liés par le droit international. C'est pourquoi, disait M. Bayard, Secrétaire d'Etat des Etats-Unis d'Amérique, en 1887 : « If a Government could set up its own municipal laws as the final test of its international rights and obligations, then the rules of international law would be but the shadow of a name, and would afford no protection either to states or to individuals. It has been constantly maintained and also admitted by the Governement of the United States that a Government can not appeal to its municipal regulations as en answer to demands for the fulfillment of international duties. » (Cité chez Borchard : Diplomatic Protection of Citizens Abroad, page 106). C'est pourquoi, dit le même Borchard, parlant précisément de l'absurdité pour un Etat d'alléguer le traitement égal dans le but de se défaire d'une obligation internationale : « The alien is not bound to accept the treatment accorded to nationals if such treatment accorded to nationals is in violation of the ordinary principles of civilized justice, and nothwistanding the fact that the national has no immediate remedy against the injustice ». Dans le même sens, A. de Lapradelle et N. Politis écrivent dans leur Recueil des arbitrages internationaux, II p. 278 : « Dire que l'étranger ne saurait être mieux traité que le national, c'est une formule inexacte, car le traitement du national est déterminé par le droit interne, tandis que le traitement de l'étranger est déterminé par le droit international, et le contenu des règles du second, quoique généralement plus restreint, peut, sur certains points, être exceptionnellement plus étendu que le contenu des règles du premier. »

Aucun Etat n'a encore abandonné son droit d'exiger des autres Etats pour ses ressortissants le respect de leur propriété privée, de quelque façon que l'Etat dont s'agit traite la propriété privée de ses propres ressortissants. Il est facile de citer des exemples, tellement les cas sont multiples. En voici quelques-uns des plus récents :

La Grande-Bretagne se réclame de ce principe dans l'affaire de l'expropriation des congrégations au Portugal, soumise à la Cour permanente d'arbitrage, en argumentant de la façon suivante : « Respect of property, respect of acquired rights, these are the legal principles of all civilised countries. It is upon the security wich they assure and confidence they inspire that the relations entertained by nations with each other are based. »

L'arrêt du 13 octobre 1922 de la Cour permanente internationale d'arbitrage a fait valoir cette règle en faveur de la Norvège contre les Etats-Unis de l'Amérique du Nord: « Whether the action of the United States was lawful or not, *just compensation is due* to the claimants under the municipal law of the United States, *as well as under the international law, based upon the respect for private property.* »

Les États-Unis de l'Amérique du Nord font valoir, en ce moment, la même règle contre le Mexique et le Mexique ne met pas en doute son existence. C'est pour cette raison que la note du Secrétaire d'État des États-Unis, adressée au Ministre des Affaires Étrangères de la République Mexicaine, en date du 31 juillet 1926, établit avec la plus grande assurance : « The correspondence discloses little, if any, variation or difference of opinion with respect to the statement of certain principles which we have agreed lie at the basis of our consideration of the matters. Let me enumerate these fundamental ideas or principles : First : Lawfully vested rights of property of every description are to be respected and preserved *in conformity with the recognised principles of international law and of equity.* »

Rien n'est changé à cette règle, même dans le cas où la propriété privée des étrangers est violée par suite d'un changement révolutionnaire du système de la propriété. C'est pour cette raison que M. Poincaré, Président du Conseil de France, s'exprimait ainsi dans un discours au Parlement le 2 juin 1922, dans l'intervalle de la Conférence de Gênes et de celle de la Haye, au sujet des biens immobiliers des ressortissants français expropriés en Russie, précisément à la suite d'une révolution : « En ce qui concerne les biens privés de nos nationaux expropriés, si l'effort persévérant de la délégation française doit parvenir à en faire admettre la restitution, il faut cependant prévoir le cas où cette restitution serait un fait impossible. Des réformes comme celle de la redistribution des terres, conséquence de la réforme agraire, sont de celles sur lesquelles il sera peut-être difficile de revenir. Dans ce cas, au lieu de la restitution de la propriété, les Soviets proposeraient un système d'indemnisation des propriétaires dépossédés. Il faudra veiller à ce que *ce système soit sincère et aboutisse à des indemnités complètes* » (*Temps* du 3 juin 1922).

La Hongrie n'abdiquera pas non plus les droits de ses ressortissants, *elle saurait d'autant moins le faire qu'elle ne les réclame pas, dans l'espèce, en vertu d'une règle du droit international coutumier, mais en vertu d'une, sinon de plusieurs stipulations conventionnelles inscrites dans les Traités.*

En présence des graves menaces auxquelles la propriété privée des ex-ennemis sur les territoires détachés de la monarchie austro-hongroise étaient exposés, leur protection a fait, en effet, l'objet des soins de plusieurs clauses du Traité de Trianon lui-même ; non seulement à l'article 250, mais aussi à l'article 63. Ce dernier article est très catégorique : « Elles (les personnes ayant exercé leur droit d'option) seront libres de *conserver* les biens immobiliers qu'elles possèdent sur le territoire de l'autre Etat ». En anglais : « They will be *entitled* to *retain* their immovable property. » Si, malgré ces termes catégoriques, on trouve des arguments pour justifier une situation telle que les optants doivent quitter leur sol natal et qu'en même temps toute propriété leur est enlevée sans aucune indemnité, il y a des raisons graves à supposer que ces arguments ne sont pas en conformité avec ces stipulations.

Le Traité conclu entre les principales Puissances Alliées et Associées et la Roumanie, le 9 décembre 1919, se préoccupe également du danger, auquel la propriété des optants serait exposée en territoires transférés. Son article 3, alinéa 3, répète la même règle qui se trouve dans l'article 63 du Traité de Trianon. Le préambule de ce Traité prévoit même la possibilité de tentatives faites pour déjouer ces clauses de protection par une législation interne et tâche de parer d'avance à pareilles éventualités, en disposant on ne peut plus clairement : « Considérant qu'en vertu des traités auxquels les principales Puissances alliées et associées ont apposé leur signature, de larges accroissements territoriaux sont ou seront obtenus par le Royaume de Roumanie... (L'article 1), la Roumanie s'engage à ce que les stipulations contenues dans les articles 2 à 8 du présent Chapitre — par conséquent aussi dans l'article 3, alinéa 3, — soient reconnues comme loi fondamentale, *à ce qu'aucune loi, aucun règlement ni aucune action officielle ne soient en contradiction ou en opposition avec les stipulations et à ce qu'aucune loi, aucun règlement ni aucune action officielle ne prévalent contre elles.* » Comme on voit, les Traités ont clairement prévu le cas où ces droits viendraient à être violés par une législation interne contraire au principe de la protection. Ils prennent leurs précautions : *la législation interne doit déférer aux préceptes du droit international.*

Du reste, le principe de l'inviolabilité de la propriété privée n'est pas professé seulement par quelques articles des Traités de paix ; il est à la base de tous leurs Chapitres et Sections relatifs aux biens, droits et intérêts des ex-ennemis. Nulle part, dans les Traités, ne se trouve une violation de ce principe, au contraire, partout où l'on regarde, on trouve sa confirmation réitérée et multipliée.

En dehors de l'article 250, il y a, par exemple, aussi l'article 240 sur lequel les requérants hongrois auraient pu et quelques requérants ont même effectivement basé leurs requêtes devant le Tribunal arbitral mixte. Cet article comporte que, dans tous les cas où les jugements des Tribunaux internes seraient contraires aux dispositions des Sections respectives du Traité, le particulier qui « aura subi, de cette manière, un préjudice, aura droit à une *réparation* qui sera déterminée par le Tribunal arbitral mixte ». Encore la *réparation*, c'est-à-dire *l'indemnité* ! Elle entre donc grandement en ligne de compte quand nous nous trouvons en matière de liquidation.

L'expropriation régulière des biens immobiliers aux fins d'une réforme agraire n'est pas, certes, contraire aux dispositions des Sections indiquées du Traité, mais leur enlèvement *sans indemnité dans n'importe quel but* le devient immédiatement.

De sorte que l'absence d'indemnité devient pratiquement le nœud de la question dans toutes ces affaires!

On voit combien il est contraire à l'esprit des Traités de tâcher de faire accepter comme un principe résultant du Traité de Trianon, ainsi que le veut le texte des juristes, l'idée que la question de l'indemnité n'entrerait pas en ligne de compte pour la solution, précisément du problème d'un enlèvement sans indemnité de la propriété à ceux, en faveur desquels le Traité stipule qu'ils peuvent *conserver* leurs biens immobiliers et que, s'ils leur ont été enlevés, ces biens seront *restitués.*

Il est doublement contradictoire de se livrer à une telle tentative lorsqu'on fait état de vouloir résoudre complètement et définitivement le différend en souffrance entre les deux États — comme la partie historique du rapport le constate — depuis quatre ans.

On ne peut pas dire en pareil cas que « la question d'indemnité, *quelle que puisse être son importance à d'autres points de vue,* n'entre pas ici en ligne de compte. » C'est avouer que la solution n'est ni complète ni définitive.

Est-ce vraiment que la question d'indemnité ne saurait jamais entrer en ligne de compte, — que l'on recherche la solution de l'affaire soit en vertu de l'article 250, soit en vertu de l'article 63, soit en vertu de l'article 3 du Traité du 9 décembre, soit en vertu du droit international général, soit même en vertu de l'article 11 du Pacte, qui vise à établir des rapports de bon voisinage entre les deux Etats en cause?

Comment le Gouvernement hongrois pourrait-il abdiquer en faveur d'un tel semblant de solution à lui recommandée dans le rapport, les droits de ses ressortissants tant de fois garantis dans les Traités et faire, en même temps, acte de foi en faveur d'un nouveau droit international général qui n'est pas admis par la communauté internationale des États ?

Car, la thèse que nous invoquons, n'est pas seulement celle des Traités, mais, comme nous le prouvions en citant des textes, elle appartient aussi au droit international général. Là, elle est même de très ancienne date.

Elle remonte jusqu'à *Vattel. Vattel* dit déjà en 1758 dans son *Droit des gens,* livre II, chapitre 7, § 81, comme s'il parlait de l'incident roumano-hongrois : « Il dépend de chaque société politique d'établir chez elle la communauté des biens, ainsi que l'a fait Campanella dans sa république du soleil. Les autres ne s'enquièrent point de ce qu'elle fait à cet égard ; ses règlements domestiques ne changent rien au droit envers les étrangers ». *Fiore* énumère les droits internationaux des individus, en y comprenant : le droit à la liberté, le droit à la *propriété,* le droit au culte religieux. Le droit international codifié, traduction Antoine, Paris, 1911, n°s 624 et suivants ; *Martens* compte au nombre des droits imprescriptibles de l'homme celui de vivre, celui d'être respecté dans sa personne, sa vie, son honneur, sa santé, *ses biens* ; de même *Oppenheim, International law,* 3e éd. vol. I, § 320 ; *Calvo, Droit international,* liv. XV, § 1276-1278 ; *Clunet,* dans une célèbre *Consultation pour les sociétés étrangères d'assurances sur la vie en*

Italie; *Anzilotti*, *Asser*, *de Bar*, *Gabba*, *Holland*, *Lammasch*, *Lyon-Caen*, *Roguin*, *Rollin* ont adhéré à cette consultation; *Paul Fauchille*, *Traité de droit international public*, Paris, Rousseau, 1922, Tome Ier, première partie, p. 934 : « Si beaucoup pensent qu'un État, en organisant son gouvernement intérieur, peut, sans provoquer une intervention de la part des autres États, enlever à ses nationaux des *droits qui sont la base de la civilisation moderne, par exemple le droit à la propriété*, la plupart, au demeurant, estiment qu'il ne saurait agir de la sorte vis-à-vis des étrangers sur son territoire *sans soulever les réclamations légitimes* de l'État auquel ils appartiennent. »

Verdross, *Zur Konfiskation ausländischen Privateigentums nach Friedensvölkerrecht*, Zeitchrift für öffentliches Recht, 1924; *P. Fachiri*, *Expropriation and international law*, Year Book of international law, 1925; Hugh *Bellot*, *The protection of private property*, Revue de droit international, Genève, 1926 etc., etc...

L'International Law Association a pris position dans cette question à sa réunion du mois d'août 1926, tenue à Vienne, en pleine conformité avec les principes professés par la doctrine.

La pratique diplomatique, elle aussi, est conforme, les exemples abondent : affaire du Reverend Jonas King, expropriation sans indemnité, entre les États-Unis et la Grèce, Moore, Digest of international law, I. p. 262-264; affaire Sauvage, entre les États-Unis et le Salvador, Recueil des arbitrages internationaux, II. p. XII, etc., etc...

La Russie des Soviets elle-même s'est vue contrainte de reconnaître ce principe, quand elle a dû entrer en contact avec les États qui forment la communauté internationale juridique actuelle? Au traité de Brest-Litowsk, traité additionnel concernant les rapports financiers, etc., du 27 août 1918, art. 11, il est dit que « les biens des ressortissants allemands en Russie ne seront expropriés que... si le propriétaire est indemnisé immédiatement au comptant : (Strupp, Documents pour servir à l'histoire du droit des gens, III, p. 113). Et, plus tard, au traité de Rapallo, l'Allemagne ne renonce, pour le passé, à l'application de ce principe qu'au cas où la Russie n'indemniserait pas les ressortissants des tierces puissances. En 1922, aux Conférences de Gênes et de La Haye, les puissances poursuivent la reconnaissance, de la part de la Russie, de ce principe, sous la réserve duquel les relations diplomatiques, plus tard, sont reprises avec cette puissance.

John Basset *Moore* dit dans *A Digest of international law*. t. V., p. 5, Aliens' Property Rights : « There is no principle of the law of nations more firmly established than that which entitles the property of strangers within the jurisdiction of a country in friendship with their own to the protection of its sovereign by all the efforts in his power. »

La jurisprudence internationale s'est, d'une manière constante, également prononcée dans le même sens : affaire du chemin de fer du Delagoa, Sentence finale, Berne, 1900; affaire des Congrégations religieuses au Portugal, Cour permanente d'arbitrage de la Haye 1920; affaire des vaisseaux norvégiens, Cour permanente d'arbitrage de La Haye, American journal of international law, avril 1921, p. 362-383; arrêt 7 et arrêt 8 de la Cour permanente de Justice internationale.

Ce que nous avons voulu démontrer, c'est que *la doctrine, la pratique diplomatique et la jurisprudence internationale sont toutes les trois décidément de notre côté.* Ce sont des appuis qui n'ont pas été recherchés par le Gouvernement hongrois pendant le combat, mais qui sont les plus spontanés que l'on puisse s'imaginer, puisqu'ils sont d'une date où une affaire roumano-hongroise n'existait même pas.

Plus spécialement, la thèse que la différentialité n'est pas l'essentiel d'une mesure tombant sous le coup des stipulations de l'article 232 du Traité de Trianon, mais qu'une mesure qui inflige un grave dommage aux ex-ennemis, bien qu'elle s'étende aussi aux nationaux, peut être contraire à l'article 232, a été soutenue implicitement par les principales Puissances alliées elles-mêmes, et précisément à l'égard de la Hongrie, à l'occasion de l'estampillage, par cet État, des billets de banque austro-hongrois, opération qui devait avoir pour conséquence la conversion de la valeur de la moitié des billets estampillés en emprunt forcé. Les principales Puissances Alliées n'ont pas manqué alors de protester contre une telle mesure auprès du Gouvernement hongrois en faveur de leurs ressortissants, en invoquant diverses stipulations de l'article 232 du Traité de Trianon, bien que la mesure de l'estampillage se trouvât dépourvue de tout caractère différentiel. Les notes introductives des
Annexe C échanges de vue sont communiquées en annexe (Annexe C). (La limite de temps qui figure dans les notes n'a, bien entendu, rien à voir dans la question de la différentialité).

Du reste, la Hongrie s'est toujours conformée sur ce point également à ses obligations internationales et elle n'a pas hésité à accorder un traitement préférentiel aux étrangers par rapport à ses nationaux, quand telle a été l'exigence du droit international. Tel a été le cas, par exemple, lorsqu'elle a, elle-même, réalisé une réforme agraire. Dans l'exécution de cette réforme, elle a considéré comme son devoir de respecter pleinement les droits reconnus aux étrangers par le droit international commun, ainsi qu'aux Alliés par les articles 232 et 233 du Traité de Trianon, sans tenir compte du fait que ses propres nationaux jouissaient, d'après la loi interne, de droits beaucoup moins étendus. De même, quand il s'est agi d'établir en Hongrie un impôt extraordinaire sur le capital, la loi qui l'a créé, (loi XV de 1921), disposa dans son article 2, litt. i. que les étrangers ne seraient pas soumis à cet impôt.

D'ailleurs, la Roumanie elle-même paye à un taux plus élevé ses créanciers étrangers que les porteurs nationaux de ses dettes publiques, par respect de la même règle du droit international général.

C'est en se prévalant du même principe du droit international général que la Grande-Bretagne et la France ont exigé et obtenu de la même Roumanie, que les ressortissants anglais et français, en Bessarabie, reçoivent une pleine indemnité pour les propriétés à eux enlevées aux fins de la réforme agraire.

Les mêmes Puissances ont également exigé en Grèce pour leurs ressortissants un traitement préférentiel en matière d'indemnité à payer pour les immeubles expropriés aux fins d'établissement des réfugiés.

Elles exigent le même traitement conforme au droit international en faveur de leurs ressortissants en Russie et au Mexique, comme ailleurs aussi, ainsi, par exemple, dans les États Baltes, à différentes occasions, souvent quand il s'agit précisément de réformes agraires.

Il est pour le moins étonnant que les mêmes Puissances qui procèdent, ainsi, lorsqu'il s'agit de leurs ressortissants, nous recommandent l'acceptation d'un principe contraire.

b) Les juristes ont introduit dans leurs principes détaillés sous le n° 2 ces mots « comme tels » pour indiquer que la mesure prohibée, si elle veut rester telle, doit viser spécialement les biens hongrois. Le texte imprimé officiel du rapport le marque même en italique. Cette expression veut indiquer qu'il ne suffit pas, pour qu'un acte soit une mesure prohibée, qu'il frappe objectivement des biens ex-ennemis; il ne suffit même pas qu'il soit différentiel, il faut encore que l'intention elle-même soit de les frapper parce que biens ex-ennemis. Ceux qui avaient intérêt à soutenir cette thèse, en ont tenté la définition par les mots : « Expropriation pour cause de nationalité ex-ennemie ». La Cour permanente de justice a eu déjà à s'occuper de pareille prétention dans son arrêt 7, mais elle en fit rapidement justice. En effet, nous ne trouvons cette expression « comme tels » nulle part dans les Traités. Du reste, cette expression ne se trouve pas même bien placée dans le § 2 du texte des juristes, logiquement elle aurait dû être inscrite dans le § 3, qui traite plus spécialement de la recherche des intentions. Dans le principe n° 3, les juristes estiment, en effet, qu'il ne suffit pas que le requérant hongrois prouve que son bien a été traité différentiellement par rapport aux biens des Roumains ; il doit encore prouver que l'intention de l'État roumain a été de le frapper parce que hongrois. Mais l'exigence d'une pareille preuve ferait des Traités de Paix un Code pénal et des Tribunaux arbitraux mixtes de véritables cours criminelles qui seraient tenues de scruter les intentions, au lieu de se contenter, d'après les principes ayant cours dans le droit civil et dans les domaines voisins, des effets extérieurs. Il s'agit ici, pour une large part, de lois. Or, il est notoire que le droit constitutionnel tend à donner une vie indépendante aux lois, en faisant abstraction même des exposés des motifs présentés par les promoteurs des lois, en tenant compte du fait que le vote de la majorité du parlement a pu se baser sur des motifs très différents. En tout cas, il serait extrêmement difficile, sinon impossible de prouver, avec une certitude juridique, les intentions d'un corps collectif et surtout d'un État. Dans lequel de ses organes devrait-on rechercher le siège de ses intentions? Puisque le texte des Traités n'exige pas expressément des requérants une preuve de ce genre, la nécessité de cette preuve ne saurait être présumée. Exiger cette preuve dans chaque cas, et *in limine litis*, avant de pouvoir commencer le procès, équivaudrait à étouffer peut-être chaque instance dès le début en accumulant des difficultés pratiquement presque insurmontables d'une preuve en soi inutile. *On ne saurait exiger cette preuve que là où il n'y aurait pas d'autres indications de l'existence d'une mesure prohibée.* Mais rien n'est plus injuste et vexatoire que de vouloir exiger des requérants, qui peuvent prouver le défaut d'indemnité — ce qui en lui-même devrait suffire — d'abord qu'ils prouvent en outre, que la mesure était différentielle — *ce qu'ils pourraient prouver aussi, s'il le fallait* — et par surcroît encore le fait que l'auteur poursuivait intentionnellement un but de différentialité.

Il est possible qu'en pratique la preuve de l'intention ne pourrait jamais être rapportée puisque l'État Roumain qui, comme État, dispose sur son territoire de tous les moyens de la puissance publique, réussirait toujours à faire la preuve inverse. Un exemple pratique démontre très clairement ces difficultés : les requérants hongrois essayeraient en vain de prouver que leurs biens leur furent pris en tant que biens d'un ressortissant hongrois, l'État roumain pourrait éventuellement prouver, des textes en main, qu'ils ont été pris, non pas comme biens d'un « ressortissant hongrois », mais comme biens d'un « absentéiste ».

Et cependant cette question de l'absentéisme est celle où éclate le plus clairement la différentialité essentielle et effective de la législation agraire roumaine ; car la loi agraire pour la Transylvanie est conçue en termes tels qu'en fait, d'abord, seuls ou presque seuls sont frappés les ressortissants hongrois, et qu'ensuite, presque tous les propriétaires hongrois sont atteints, — alors que la propriété roumaine échappe à peu près entièrement à l'application des dispositions légales sur l'absentéisme en Transylvanie.

A la vérité, l'acceptation par le Gouvernement hongrois du principe n° 3, exigeant dans tous les cas, même inutilement, la preuve de l'intention, obligerait le Gouvernement hongrois à avouer à ses ressortissants : j'ai obtenu pour vous un juge, mais à la condition qu'il ne puisse pas juger.

3° En dehors de graves objections de principes contre les thèses des juristes, il y a des inconvénients pratiques inhérents à leur acceptation.

Si les principes des juristes, contenant tous des solutions de questions de fond, étaient acceptés comme de nouvelles règles pour la compétence, ils rendraient nécessaires le recommencement de tous les procès dits agraires dès le premier mémoire écrit, ayant trait à la procédure incidente sur la compétence. Et, pour le pouvoir faire, on devrait modifier même le règlement de procédure du Tribunal, en ce qui concerne les nouveaux délais, dans lesquels les nouveaux mémoires devraient être déposés, respectivement une nouvelle procédure écrite sur l'incident de la compétence devrait être commencée. Si, en de telles circonstances, la Roumanie met pareille lenteur à exécuter les nouvelles formalités requises que celle dont elle a fait preuve jusqu'à présent en tout ce qui concernait la marche du Tribunal arbitral mixte, l'acceptation du texte des juristes impliquerait aussi que dans les 330 affaires environ, dites agraires, qui restent encore en suspens en dehors des 22 déjà jugées, en ce qui concerne la question de compétence, le Tribunal arbitral mixte roumano-hongrois ne pourrait commencer à ouvrir les nouveaux débats oraux, rien que sur la question de compétence, *avant trois ans*. Encore, dans ce retard n'est pas compris celui qui serait causé par les preuves interminables et non requises aux termes d'une juste interprétation du Traité, que les requérants hongrois seraient obligés à administrer après les débats oraux, dans une procédure spéciale des preuves, en vertu des trois principes des juristes, pleins de nouvelles exigences à leur égard en ce qui concerne des circonstances accumulées qui exigeraient des preuves, à leur avis, *in limine litis*. Nous avons déjà dit que ces preuves seraient superflues, car d'après les trois principes, le requérant devrait prouver l'existence de la mesure prohibée pour ainsi dire d'une manière multipliée. Le défaut d'indemnité ne suffisant pas d'après ces principes, il devrait prouver encore la différentialité, et même celle-ci ne suffisant pas, il devrait prouver aussi l'intention spéciale de l'Etat roumain, et tout celà pour obtenir d'abord la compétence pour pouvoir entrer dans le procès. Ce serait une procédure extrêmement coûteuse et vexatoire, sous le poids de laquelle les procès des requérants hongrois seraient littéralement écrasés. *Il ne saurait être question de tels procès que dans le cas où la réforme agraire de la Roumanie reconnaîtrait l'indemnisation complète des expropriés et qu'il s'agirait de découvrir des mesures prohibées cachées même sous une telle réforme.* Mais la situation est tout autre, une fois que la réforme agraire roumaine a cru pouvoir choisir la voie d'une expropriation sans indemnité, aussi et surtout au détriment des races vaincues dans la grande guerre, des territoires desquelles elle fut enrichie.

Au regard des nouveaux atermoiements considérables ci-haut mentionnés, voire de l'écrasement total des procès, l'argument, tiré de la longueur de la procédure devant la Haute Cour permanente de Justice internationale, que le Rapporteur a pu trouver seulement pour approuver l'attitude de la Roumanie qui ne veut pas accepter d'aller devant la Cour pour faire décider par celle-ci les questions de principe, perd, à la vérité, toute sa valeur. Jamais encore on n'a eu de raison de se plaindre des lenteurs de la Haute Cour permanente de Justice Internationale.

En résumé, nous sommes convaincus que le droit est de notre côté, mais, en tout cas, nous soutenons que les trois principes des juristes du Comité des Trois ne pourraient être regardés comme des vérités intangibles, au-dessus de tout doute. Bien au contraire.

Telles sont les raisons pour lesquelles le Gouvernement hongrois ne peut, à son grand regret, adhérer au rapport du Rapporteur et tout spécialement aux trois principes formulés par les juristes.

Il ne saurait le faire — toujours sous réserve des principes établis dans la première partie de ce Mémoire — qu'au cas où les juristes n'auraient pas continué leurs recherches au delà du préambule de leurs trois principes, qui, ainsi que nous l'avons constaté, reconnaît la possibilité que des mesures qui se présentent sous l'aspect de mesures de réforme agraire, constituent, d'après leur caractère intrinsèque, des mesures prohibées. C'est la reconnaissance de la compétence des Tribunaux arbitraux mixtes. La recherche des qualités intrinsèques des faits, se présentant sous l'aspect de mesures de réforme agraire, constitue déjà un travail de juge portant sur le fond. Personne n'a le droit de se substituer dans ce travail au juge. Le juge seul peut décider, le texte des Traités en main, quels sont les caractères intrinsèques des mesures prohibées. Il paraît qu'il y en a plusieurs, il paraît qu'ils sont alternatifs ; par conséquent, on ne peut en exclure d'avance, pour des considérations politiques, l'un ou l'autre, comme par exemple le défaut d'indemnité, et faire, par contre, d'autres qui ne sont également que des traits caractéristiques éventuels, des traits caractéristiques indispensables, comme la différentialité et l'intention spéciale de frapper l'ex-ennemi.

Ces problèmes ont été déjà étudiés et décidés par nombre de Tribunaux arbitraux mixtes et par la Cour permanente de Justice internationale elle-même. Il n'appartient pas au Conseil de vouloir forcer la Hongrie à adopter des solutions contraires à celles que dans d'autres cas analogues, juridiquement même identiques, ces hautes instances internationales ont adoptées.

Recommander à l'acceptation des parties des solutions contraires aux solutions admises par les hautes instances internationales qui ont interprêté les Traités, par conséquent des solutions contraires aux Traités eux-mêmes, et les imposer aux Tribunaux mixtes comme leur nouvelle loi, ce serait exiger la modification du Traité de Trianon, en l'espèce, uniquement au désavantage de la Hongrie; ce serait en même temps permettre que le principe de l'indépendance de la magistrature internationale et l'idée de l'arbitrage elle-même fussent sacrifiée à des considérations politiques dont les motifs, l'importance, l'existence même échappent à l'appréciation de la Hongrie.

De l'avis de la Hongrie, même de justes considérations politiques ne sauraient exiger autre chose dans cette affaire que le rétablissement du libre fonctionnement du Tribunal arbitral mixte. Les mêmes considérations politiques ne sauraient exiger que le rétablissement, en même temps, de la foi dans le sérieux de l'arbitrage international, déjà gravement ébranlée depuis neuf mois que dure cet incident, ainsi que le rétablissement de la foi dans le pouvoir de la Société des Nations, employé dans le but des hauts idéals qui lui ont été assignés et pour la réalisation desquels le Conseil, ainsi que tous les membres de la Société ont le devoir de travailler.

ANNEXE A.

PROPOSITIONS

FAITES, PAR ÉCRIT

par les

GOUVERNEMENTS HONGROIS ET ROUMAIN

devant le

COMITÉ DES TROIS DU CONSEIL

DE LA SOCIÉTÉ DES NATIONS

dans l'Affaire du

Tribunal Arbitral Mixte Roumano-Hongrois

I

PROPOSITION ÉCRITE DU REPRÉSENTANT HONGROIS AU SEIN DU COMITÉ DES TROIS AU MOIS DE SEPTEMBRE (1)

AIDE-MÉMOIRE

Le Conseil, dans ses sessions des mois de mars et de juin, n'a pas procédé à la nomination des arbitres suppléants au Tribunal arbitral mixte roumano-hongrois, après que la Roumanie a rappelé son arbitre national de ce Tribunal dans une catégorie d'affaires dites agraires.

Le Conseil a bien voulu, par une résolution d'ajournement prise dans sa séance du 16 juin 1927, sur la proposition du Comité des Rapporteurs, inviter les deux Gouvernements intéressés à soumettre la question à une nouvelle étude.

Le Gouvernement hongrois, s'étant acquitté de cette tâche, est arrivé après des études approfondies au résultat suivant.

Son Représentant au sein du Conseil à la session du mois de mars a déjà offert à la Roumanie l'arbitrage de la Cour permanente de Justice internationale de la Société des Nations pour déclarer, par arrêt, sur la base d'un compromis à conclure entre les deux États, si le Tribunal arbitral mixte roumano-hongrois a commis un excès de pouvoir qui rendrait les sentences en question nulles et non avenues.

Ce nouvel arbitrage aurait dû être offert en bonne règle par la partie qui allègue l'excès de pouvoir. Le Représentant hongrois a fait témoignage d'un grand esprit de conciliation en en assumant l'offre.

Cette offre demande la solution de l'incident à la plus haute autorité en matière de juridiction internationale, de la Cour permanente de Justice internationale de la Société des Nations, et devra apporter l'apaisement pour tout le monde. Elle a en outre le grand avantage, contrairement à d'autres projets de solution, de n'exiger et de n'impliquer la modification d'aucune stipulation des Traités, mais d'être praticable en dehors des Traités.

Animé d'un haut esprit de conciliation, et en même temps d'un haut esprit de justice et du respect pour les Traités, la Hongrie a l'honneur d'offrir de nouveau à la Roumanie le même arbitrage supplémentaire de la Cour permanente de Justice internationale, d'autant plus

(1) A cette proposition présentée par écrit, le représentant hongrois ajoutait verbalement qu'il n'y a aucune difficulté à ce que des arrangements concrets soient conclus entre les parties des procès, c'est-à-dire le Gouvernement roumain et les requérants hongrois, aussitôt que le fonctionnement normal de l'instance judiciaire compétente dans leurs affaires serait rétabli. Le représentant hongrois s'est déclaré en même temps être autorisé à rassurer le Comité des Trois que les requérants hongrois ne demanderaient pas la restitution en nature des parcelles de terres qui ont été distribuées aux paysans et qu'en ce qui concerne l'indemnité à payer pour telles parcelles, ils sont également disposés à traiter avec le Gouvernement roumain.

que la Roumanie n'a pas encore donné une réponse précise à cette offre.

La Hongrie choisit cette voie de sa propre initiative, mais en même temps en se conformant aux hautes obligations qui lui incombent en sa qualité de Membre de la Société des Nations en vertu du préambule et de l'article 13 du Pacte. Elle espère que la Roumanie ne restera pas insensible aux mêmes injonctions du Pacte de la Société des Nations.

La Délégation hongroise au Conseil à la session actuelle a l'honneur de présenter, ci-inclus, un projet de compromis correspondant à l'offre d'arbitrage ci-haut exposée.

Genève, le 2 septembre 1927.

ANNEXE ad I.

Les deux H. P. C. sont d'accord pour soumettre à la Cour Permanente de Justice internationale la décision de la question suivante :

Le T. A. M. Roumano-Hongrois, en se déclarant compétent par ses jugements du 10 janvier 1927 dans les vingt-deux affaires dites agraires (Em. Kulin père et autres) entre ressortissants hongrois et État roumain, a-t-il commis un excès de pouvoir qui légitime la Roumanie de refuser de reconnaître les décisions rendues par le T. A. M. dans ces affaires et de retirer du T. A. M. son juge national toutes les fois qu'il s'agira d'affaires semblables entre ressortissants hongrois et État roumain?

Les H. P. C. s'obligent sans aucune restriction ni réserve à conformer rigoureusement leur attitude en ce qui concerne l'activité du T. A. M. roumano-hongrois à la décision de la Cour permanente de Justice internationale.

II

PROPOSITION DU REPÉSENTANT ROUMAIN

I. Impossibilité de juger les lois agraires roumaines ou de porter atteinte à leurs dispositions.

II. Le Tribunal est compétent pour juger les liquidations interdites par l'article 250 du Traité et non pas toute violation du droit international.

III. La liquidation interdite par l'article 250 est celle de l'article 232 *b*. Cette liquidation a pour objet de procéder à l'application des mesures exceptionnelles de guerre, frappant les biens ex-ennemis comme tels dans un but de réparation.

IV. Le Tribunal sera composé de 5 membres, dont 3 neutres, 1 Hongrois et 1 Roumain.

V. Sous réserve des dispositions ci-dessus, les parties conservent le droit d'invoquer toutes autres exceptions ou moyens de défense.

VI. Synchronisme dans l'exécution des obligations éventuelles de la Roumanie et des obligations financières dérivant des Traités pour la Hongrie.

III

RÉPONSE DU REPRÉSENTANT HONGROIS AUX PROPOSITIONS DU REPRÉSENTANT ROUMAIN

Genève, le 4 septembre 1927.

Monsieur le Secrétaire d'État,

En date du 2 septembre année courante, votre Excellence a bien voulu me communiquer les propositions qu'avait faites M. le Représentant de la Roumanie, au sujet de la requête hongroise sur la désignation, par le Conseil en vertu de l'article 239 du Traité de Trianon, de deux arbitres suppléants pour le Tribunal arbitral mixte hungaro-roumain.

J'ai le sincère regret de devoir faire connaître à Votre Excellence qu'un examen approfondi des propositions de M. le Représentant de la Roumanie m'a amené à la conclusion qu'il m'était impossible d'accepter ces propositions comme base des discussions ultérieures, pour les raisons exposées dans la pièce annexée à la présente lettre.

Il convient de préciser que je maintiens ma proposition faite au nom du Gouvernement royal, en date du 2 septembre année courante, proposition visant le règlement du prétendu excès de pouvoir par la Cour permanente de Justice internationale.

Tout en priant Votre Excellence de bien vouloir informer de cette communication ses honorables collègues du Comité des Trois, je profite de l'occasion pour Lui réitérer les assurances de ma plus haute considération.

(Signé) : WALKO.

Son Excellence

SIR AUSTEN CHAMBERLAIN

Principal Secrétaire d'État de Sa Majesté Britannique pour les Affaires Étrangères, Représentant de la Grande Bretagne au Conseil de la Société des Nations.

Genève.

ANNEXE ad III.

Le Gouvernement hongrois se tient strictement sur la base du Traité de Trianon.

Or, la plupart des suggestions du Représentant du Gouvernement roumain entraînerait de graves modifications du Traité, tandis que le reste contient soit des répétitions, soit des interprétations, souvent inexactes, de ses stipulations.

Les modifications du Traité sont inadmissibles, les répétitions seraient non seulement inutiles, mais dangereuses, et les interprétations des stipulations en question appartiennent au domaine des Tribunaux arbitraux mixtes que les Traités ont institués précisément dans ce but.

Le Gouvernement hongrois ne saurait, par conséquent, accepter les propositions en question comme base de discussion. Du reste, à les examiner de plus près, elles se réfutent d'elles-mêmes.

Ad I. — L'autorité des lois agraires roumaines n'est pas en question. « L'impossibilité de juger la loi agraire », que la proposition vise, veut dire : interdiction au tribunal d'examiner si, dans certains cas soumis à sa juridiction, l'application des lois agraires n'est pas en contradiction avec le droit conventionnel défini par les traités. Il semble évident que cette interdiction est inadmissible. Des cas de collision entre le droit national et le droit conventionnel peuvent toujours se produire et, dans ces cas, c'est le droit conventionnel qui doit l'emporter. On ne voit pas pourquoi la loi agraire roumaine ferait exception à cette règle. Que pareilles contradictions entre les dispositions du Traité et une loi nationale sont prévues en matière de « mesure » et de « liquidation » par le Traité lui-même, résulte du reste clairement, entre autres, du passage ci-dessous du § 3 de l'Annexe à l'article 232 du Traité de Paix.

« Dans l'article 232 et la présente Annexe, l'expression « mesures exceptionnelles de guerre » comprend les mesures de toute nature, *législatives*, administratives, judiciaires ou autres prises ou qui seront prises *ultérieurement* à l'égard de biens ennemis.......... les mesures qui ont eu ou auront pour objet de saisir, *d'utiliser*.......... les avoirs ennemis, et cela *pour quelque motif et sous quelque forme...... que ce soit.* »

La possibilité d'une collision entre le droit national et le droit conventionnel, dans le cas qui nous préoccupe, est donc constatée par le Traité lui-même, et si pareille collision est affirmée par une de parties en présence, il appartient au juge seul d'en décider et de juger en conséquence. C'est non seulement son droit, mais aussi son devoir au sens du Traité. Vouloir le lui interdire, c'est poser à son mandat une limite que le Traité ne connaît pas ; c'est se mettre en opposition directe avec le Traité. Il nous est donc interdit de prendre même en considération une pareille ligne de conduite,

Ad II. — Il n'a été jamais prétendu que le Tribunal arbitral mixte serait appelé à juger de toute violation du droit international. Les clauses conventionnelles qui sont de la compétence du Tribunal arbitral mixte sont strictement indiquées dans le Traité. Mais toute clause conventionnelle est nécessairement étayée sur une série de principes généraux du droit commun. Sans ces principes généraux, l'application des clauses conventionnelles serait impossible.

Ad III. — L'article 250 ne parle pas seulement de la « liquidation », mais aussi de la « saisie », voire de « toute mesure de disposition, d'administration forcée ou de séquestre ». De même l'article 232 litt. b. n'est pas le seul passage dans l'article 232 auquel l'article 250 renvoie, mais il renvoie à tout l'article 232 et son annexe. En outre, ni le but de la « liquidation », respectivement de la « mesure », ni l'affectation de leur produit ne fait pas parti, d'après l'article 232 et son Annexe, de la notion elle-même. En dehors de la réparation, il y a toute une série d'autres affectations des produits de la liquidation énumérées dans l'article 232, litt. h., et il y a en outre la liquidation d'élimination de l'article 232 litt. i. Toutes ces catégories sont défendues par l'article 250. Par contre, cette terminologie : « frappant les biens ex-ennemis comme tels », ne se trouve nulle part dans le Traité. Ces suggestions écarteraient donc une grande partie du texte du Traité et y ajouteraient, par contre, de nouvelles terminologies.

Ad IV. — L'augmentation du nombre des membres du Tribunal Arbitral mixte de 3 à 5 serait aussi une modification importante du Traité.

Ad V. — Cette clause, n'exprimant qu'une règle générale de toute procédure, paraît superflue.

Ad VI. — Il s'agit évidemment des obligations financières de la Hongrie à l'égard des Gouvernements alliés. Ces obligations se trouvent réglées dans la Décision de la Commission des Réparations en date du 21 février 1924. Le Gouvernement hongrois n'a même pas connaissance de la répartition des sommes payées par lui et de la quote-part qui en revient à la Roumanie.

Par ailleurs, le Gouvernement hongrois ne saurait admettre que des créances de particuliers hongrois sur l'État roumain fussent mises en rapport avec des créanciers contre l'État hongrois.

ANNEXE B.

Bucarest, le 15 novembre 1927.

Monsieur le Ministre,

D'ordre de mon Gouvernement, j'ai l'honneur d'informer Votre Excellence de ce qui suit.

Dans l'affaire de la désignation de juges suppléants au Tribunal arbitral mixte roumano-hongrois, le Conseil de la Société des Nations a invité, à sa séance du 19 septembre dernier, la Hongrie et la Roumanie d'« ajourner au mois de décembre leur opinion » sur les trois principes du rapport et de ne faire connaître qu'alors au Secrétaire général « leur décision définitive ».

Le Gouvernement hongrois se rend compte dès à présent, même après un nouvel examen très détaillé de la question, qu'il lui serait impossible d'accepter les trois principes qui se trouvent au rapport. Le Gouvernement hongrois ne manquera pas de faire connaître au Conseil les raisons de cette impossibilité.

Mais il tient à faire preuve dès maintenant, une fois de plus, de sa bonne volonté et de son esprit de conciliation, en s'adressant, par sa présente, directement au Gouvernement roumain afin d'arriver avec lui à un règlement, à l'amiable, de l'affaire par la conclusion d'un arrangement.

Cet arrangement devrait et pourrait, à l'avis du Gouvernement hongrois, éviter de toucher aux questions de principe, mais il serait basé sur une connaissance exacte de la réalité des faits et sur des considérations pratiques; de même qu'il ne viserait que des résultats pratiques.

Il reste, en tout cas, entendu qu'il ne saurait être déduit de cette démarche du Gouvernement hongrois aucune conclusion sur un abandon quelconque par lui des principes et des droits invoqués ou soutenus dans cette affaire jusqu'à présent.

L'arrangement à conclure n'en pourrait pas moins comporter un règlement définitif du différend, ce qui serait dans l'intérêt de toutes les parties en cause. Il n'envisagerait pas la modification du Traité de Trianon, mais il devrait être une simple transaction conclue entre les parties litigieuses elles-mêmes, à savoir entre le Gouvernement roumain et les requérants hongrois, à la place desquels, pourtant, le Gouvernement hongrois serait prêt à agir, à la conclusion de l'arrangement, comme leur mandataire; ceci surtout pour lui assurer toute efficacité.

Son Excellence
M. Nicolas Titulesco,
Ministre des Affaires Étrangères de la Roumanie,
Bucarest.

Les lignes générales de la transaction pourraient être les suivantes :

Les requérants hongrois n'exigeraient pas la restitution des terres arables et prairies qui seraient en possession des ayants droit. Les forêts, vignobles, vergers, bâtiments et d'autres constructions ne participeraient pas, en général, à ce bénéfice, vu que l'on ne les a pas expropriés, par voie de réforme agraire, dans les autres provinces de la Roumanie, mais dans la Transylvanie seule, et qu'ils ne furent pas distribués entre les paysans, mais, pour leur plus grande partie, sont encore et restent en possession de l'État.

Les parcelles de terre et les autres biens dont la Roumanie fit usage dans le but de sa réforme agraire et qui, d'après ce qui précède, ne feraient pas l'objet de la restitution, devraient être indemnisés à un taux inférieur à l'indemnité complète et dont la fixation devrait faire l'objet de pourparlers plus détaillés. Au cours de ces pourparlers on pourrait arriver aussi à un arrangement équitable en ce qui concerne les modalités de payement des indemnités.

Le Gouvernement hongrois compte de la part de la Roumanie sur un esprit sincère de conciliation correspondant à celui dont la Hongrie est animée, et en raison de la brièveté du délai jusqu'à la prochaine session de Conseil, il prie le Gouvernement roumain de bien vouloir lui donner aussitôt que possible une réponse à sa présente démarche.

Je prie Votre Excellence de bien vouloir agréer les assurances de ma plus haute considération.

Signé : F. VILLANI,
Ministre plénipotentiaire
de Hongrie.

ANNEXE C 1.

British High Commission
Budapest
3rd June, 1920

Sir,

I have the honour to inform Your Excellency that in a Note, No. 1199/P. N. dated 17th March from the Ministry of Finance, Baron Koranyi communicated to me the intention of the Hungarian Government to proclaim on the 18th of March an order, regulating the stamping of all Bank Notes of the Austro-Hungarian Bank of which the Government proposed to retain 50 % against an issue of interest bearing bonds in lieu of the sums retained.

The Minister of Finance was good enough to add that I and the members of this Mission were to be exempted from the provisions of this order.

In due course I reported this matter to His Majesty's Principal Secretary of State for Foreign Affairs and I am now in receipt of a note from the Earl Curzon of Kedleston, in which I am instructed to inform Your Excellency that, in the opinion of His Majesty's Government, this proceeding, which can only be regarded as a forced loan, cannot be adopted in regard to the property of British subjects, should the Hungarian Government sign and subscribe to the Treaty of Peace.

In support of this contention I beg to draw Your Excellency's attention to Article 232, K, of the Treaty of Peace by which Hungary agrees that amount of all taxes or imposts on capital levied or to be levied by Hungary on the property, rights and inverests of the nationals of the Allied or Associated Powers from 3rd November 1918, until three months from the coming into force of the Treaty shall be restored to the owners.

I have therefore the honour, should the Hungarian Government sign the Peace Treaty, to beg Your Excellency to be so good as to assent to this view for I am instructed to warn the Hungarian Government that His Majesty's Government will insist on the return to British subjects of any portion of their property which may have been or may be retained under the order forming the subject of this Note to Your Excellency.

I avail myself of this opportunity to renew to Your Excellency the assurance of my high consideration.

Signed : HOHLER,
High Commissioner.

His Excellency
Count Teleki,
The Hungarian Minister for Foreign Affairs
Budapest

ANNEXE C 2.

Conférence des Ambassadeurs

LE PRÉSIDENT;

Paris, le 25 mai 1921.

Monsieur le Président,

L'attention de la Conférence des Ambassadeurs a été appelée sur les dispositions récemment édictées par votre Gouvernement, qui prescrivent l'estampillage des billets de banque austro-hongroise, sous réserve de la conversion de la valeur de la moitié des billets en emprunt forcé, productif d'un intérêt de 4 %.

La Conférence a décidé de rappeler au Gouvernement Hongrois que le § II de l'article 232 du traité de Trianon, stipule la nullité de toute mesure portant atteinte aux biens, droits et intérêts des Alliés en Hongrie, si cette mesure est postérieure à l'armistice et antérieure à la mise en vigueur du Traité de Paix, et de lui représenter que, dans ces conditions, les Puissances le tiendront responsable de tout dommage pouvant résulter pour les ressortissants alliés de la conversion forcée, dont il s'agit, en tant qu'elle aura été effectuée avant la mise en vigueur du Traité de Trianon.

Au nom de la Conférence des Ambassadeurs, j'ai l'honneur de vous prier de porter à la connaissance de votre Gouvernement la décision qui précède.

Veuillez agréer, Monsieur le Président, les assurances de ma haute considération.

Signé : Jules CAMBON.

Monsieur le Président de la Délégation Hongroise.

www.ingramcontent.com/pod-product-compliance
Ingram Content Group UK Ltd.
Pitfield, Milton Keynes, MK11 3LW, UK
UKHW032016260826
14628UKWH00006B/2521